다카페 일기
3

ZOKUZOKU DACAFE NIKKI
by MORI Yuji

Copyright © 2012 MORI Yuji
All rights reserved.

Originally published in Japan by HOME-SHA INC., Tokyo.
Korean translation rights arranged with HOME-SHA INC., Japan through THE SAKAI AGENCY and BC Agency.

이 책의 한국어판 저작권은 BC 에이전시를 통한 저작권자와의 독점 계약으로 북스코프에 있습니다.
저작권법에 의해 한국 내에서 보호를 받는 저작물이므로 무단 전재와 복제를 금합니다.

다카페 일기 3 続々ダカフェ日記
행복이란, 분명 이런 것

모리 유지
권남희 옮김

북스코프

평범한 일상을 담담하게 기록했습니다.
바다딸, 하늘아들, 와쿠친개,
그리고 아내를 촬영했습니다만,
천성이 외출하는 걸 싫어해서
주로 집 안이나 집 근처에서만 찍었습니다.
하루하루 물 흐르듯이, 내일도 모레도
부디 잔잔히 흐르길 기도하면서.

모리 유지

다카페 가족을 소개합니다

글*아내 다짱

모리퐁 남편 1973년생. 해가 갈수록 여행을 싫어해서 텔레비전에서 여행 프로그램을 보며 직접 여행한 것과 진배없는 가공의 경험치를 얻고 있다. 청소, 빨래 등 집안일은 뭐든 온 힘을 다해 돕는다. 머릿속은 오디오와 가구 배치 바꿀 생각으로 가득하다.

다짱 아내 1974년생. 틈만 나면 개들과 놀다 같이 낮잠을 자고 싶다는 생각뿐이다. 새 게임소프트를 손에 넣으면 몇 년은 그 게임 하나만 즐길 자신 있음. 잘하는 요리는 냉두부 양념(쪽파, 생강, 양하, 깻잎 잘게 썰기만 하면 됨).

바다 누나 1999년생. 만화를 미치도록 좋아하는 중학생. 집 안에서 이동할 때도 항상 한 손에 만화책을 들고 있다. 공부며 운동에 열 올릴 나이인데도 여전히 노력은 최소한으로 하고 있다. 최근 아빠를 닮아 길치라는 사실이 판명.

하늘 동생 2004년생. 줄넘기나 철봉 거꾸로 오르기를 실패하면, 엄마를 닮은 근성과 의지로 무작정 노력하는 것이 특기. 기합과 의지만으로 모든 것이 다 잘된다고 믿고 있다. 하굣길에 돌을 줍는 것이 일과. 최근 엄마를 닮아 음치라는 사실이 발각됐지만 본인은 아직 깨닫지 못하는 듯, 듣기 괴로운 콧노래를 줄기차게 부르고 다닌다.

와쿠친 개 1996년생. 아오모리 현 출신이지만 추위를 많이 타는 잡종. 가장 좋아하는 것은 생선조림과 계란말이. 젊은 시절에는 꽤 장난꾸러기였는데, 도넛 여덟 개를 몰래 먹어 치우고는 시침 떼고 있다가 빵빵해진 배 때문에 이내 들통 난 전설이 있다.

단고 개 2008년생. 바셋하운드. 얼굴과 몸매에 어울리지 않게 어리광쟁이에다 외로움을 잘 타며 섬세하다. 어쩌다 야단치면 상상 이상으로 침울해한다. 다른 개를 쓰다듬기라도 하면 질투심에 가득 차 돌진해 온다.

온푸 개 2007년생. 카바리에 킹 찰스 스파니엘. 사람을 무척 좋아한다. 손님이 오면 몹시 기뻐한다. 하지만 그 기뻐하는 모습으로 추측하건데 손님과 주인을 제대로 구별하지 못하는 게 아닐까 하는 의혹이 인다.

2009년 1월 21일 (수)

이거 봐, 내 손가락이 없어졌어! 아뇨, 손가락이 부은 건 아니고요?

2009년 1월 29일 (목)

아내 몰래 닌텐도DS에 빠져 있는 하늘.

2009년 1월 17일 (토)
휴일 아침. 널브러져 있는 남매.

2009년 1월 18일 (일)
오늘의 있을 수 없는 일. 냉장고를 열었더니 사전이 떠억.

2009년 1월 31일 (토)
싱크로나이즈.

2009년 2월 6일 (금)

하늘이가 유치원에서 몰래 점토를 갖고 온 날.
"소중한 거니까, 팬티에 넣어두었거든."
그래서 엉덩이 모양의 점토. (선생님, 죄송합니다)

2009년 2월 9일 (월)
하늘이의 사진 앨범을 제작 중인 아내.
잠깐 말 시키지 마, 하는 찰나.

2009년 2월 10일 (화)
도라에몽 감상 중. 닌텐도 밟혔습니다요.

2009년 2월 11일 (수)
휴일이어서 초저녁에 목욕. 지금부터 바다의 젖은 머리를 말리려는 참.

2009년 2월 14일 (토)
동경하는 KT88 진공관 앰프를 제작. (사진은 진공관 아내)

2009년 2월 18일 (수)
아침에 일어나서 처음 본 것. 현행범.

2009년 2월 21일 (토)
바다, 매화를 찍다.

2009년 3월 7일 (토)
민폐 끼치는 외로움쟁이.

2009년 3월 14일 (토)
숨바꼭질.

2009년 3월 28일 (토)
갑작스럽게 만개하여 부랴부랴 꽃놀이. 춥닷.

2009년 4월 10일 (금)
아침밥을 훔치는 도둑.

2009년 4월 20일 (월)
주먹밥이 한 개 사라진 건에 대해 아내에게 취조 받고 있는 단고. 오로지 묵비권.

2009년 4월 28일 (화)
유치원 등산에 참가.

2009년 5월 3일 (일)
이런 자세로 숙제 중이라니.

2009년 5월 8일 (금)
낮잠 자는 단고와 와쿠친. (힌트: 와쿠친의 귀)

2009년 5월 13일 (수)
뒤집기 주의.

2009년 5월 16일 (토)
바다가 만화를 읽어주는 동안 잠이 들어버렸다.

2009년 5월 15일 (금)
방금 구운 쿠키를 노리는 단고.

2009년 5월 19일 (화)

오토만.

* 오토만 부드러운 발 받침대 - 옮긴이

2009년 5월 22일 (금)
아침에 일어나서 처음 본 것. 다리를 한껏 벌린 하늘.

2009년 5월 23일 (토)

물풍선.

2009년 5월 23일 (토)
깨물면 터집니다.

2009년 5월 26일 (화)

절체절명.

2009년 6월 5일 (금)
폭주족 하늘. 과속＋보조바퀴로 모퉁이마다 엎어지기 직전인 스릴.

2009년 6월 5일 (금)
노을 질 무렵에 세 사람. (아내의) 듬직한 등짝.

2009년 6월 9일 (화)

좁은 곳에 앉기.

2009년 6월 10일 (수)

늘어난 공벌레 일가.

마루메, 아빠, 엄마,
다마코, 다마, 다마메, 다마미
(전부 일곱 마리)

2009년 6월 15일 (월)

턱 휴식.

2009년 6월 16일 (화)
의외의 자신의 특기에 놀라는 하늘.

2009년 6월 20일 (토)
하늘이의 헬멧을 쓰고 놀다가 전화를 받는 아내.

2009년 7월 3일 (금)
쿠키 부대, 견과류 넣기 대장의 맛보기. 아직 생반죽입니다.

2009년 7월 4일 (토)
나한테 혼나서 말도 하지 않는 하늘.

2009년 7월 11일 (토)
새로운 앰프가 도착해서 들떠 있던 내가 문득 돌아본 눈 풍경…….
(완충재입니다)

2009년 7월 11일 (토)

먹는 놈까지 나오고.

2009년 7월 12일 (일)
바람이 세찬 날.

2009년 7월 13일 (월)
유치원 수영장에서 배운 발차기를 보여주는 하늘.

2009년 7월 15일 (수)
가볍게 사료 주기.

2009년 7월 17일 (금)
대담하게 떨어지는 걸 노리는 단고.

2009년 7월 19일 (일)
테이블 뒷면에 낙서를 잔뜩 해 놓은 하늘. 지우개로 지우는 바다.

2009년 8월 7일 (금)
초조한 범인.

2009년 8월 10일 (월)
여름방학 숙제인 자유연구 테마를 정하지 못해서,
내가 만들다 버려둔 진공관 앰프 키트를 건넸다. 아주 잘한다.

2009년 8월 12일 (수)
설령 의자로 사용된다 해도 전혀 동요하지 않는 단고.

2009년 8월 17일 (월)

베란다의 풀을 만끽하는 쓰루베 님.

*쓰루베 일본의 코미디언 겸 사회자

2009년 8월 22일 (토)

노을 부메랑

2009년 9월 10일 (목)

"아침 준비했어, 일어나-" 하는 하늘. 에어 조식.

2009년 9월 18일 (금)

자, 자고 있다.

2009년 10월 2일 (금)

굿모닝, 수탉.

2009년 10월 10일 (토)
"미국 사람 같지 않아?" 그……그래.

2009년 10월 17일 (토)
날지 못합니다.

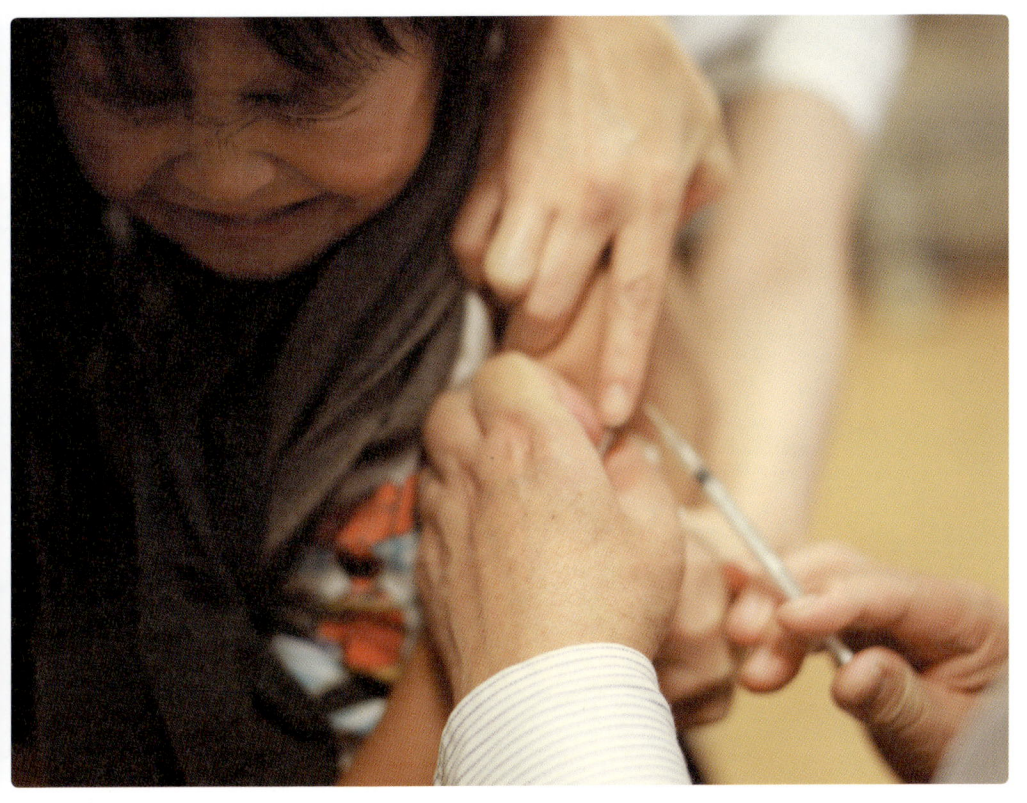

2009년 10월 23일 (금)
"하늘이는 안 울었어. 그건 그냥 짖은 것뿐이야."
말도 안 되는 핑계를 남기고 올해도 예방접종에 실패한 하늘. (바다 촬영)

2009년 10월 26일 (월)
멋진 풍선점토를 자랑하는 아내. 몰래 코로 깨려고 하는 하늘.

2009년 11월 1일 (일)
비눗방울.

2009년 11월 1일 (일)
그러나, 도망친다.

2009년 11월 2일 (월)
무리가 있다고 생각한다.

2009년 11월 11일 (수)
이제는 묻히는 것 따위 아무렇지도 않다는 표정의 와쿠친. (범인은 하늘)

2009년 11월 13일 (금)
숙면 중.

2009년 11월 20일 (금)
청소기가 소중한 신켄쟈를 빨아들여 절망하고 있는 모습.

* 신켄쟈 파워레인저, 가면라이더 따위의 슈퍼전대 시리즈의 캐릭터 피규어 - 옮긴이

2009년 11월 23일 (월)
비눗방울에 섞여 이상한 춤을 추는 하늘.

2009년 12월 17일 (목)
카펫 위에서는 비눗방울이 깨지지 않는다는 사실을 발견한 하늘의 의기양양한 짝다리.

2009년 12월 26일 (토)

하늘이의 자랑인 윙크. 그냥 눈을 감고 웃는 것뿐.

2009년 12월 28일 (월)
겨울 노을. 빨리 돌아가자.

2009년 12월 31일 (목)
오랜만에 바다에서 바다를.

2010년 1월 9일 (토)
외우기 숙제를 듣고 있는 척하면서 사랑하는 KT66(진공관) 생각으로 머릿속이 꽉 찬 나.

2010년 1월 10일 (일)
감기약. 귤. 빨래. 천천히 한 해가 시작된다.

2010년 1월 12일 (화)

온푸와 악어.

2010년 1월 13일 (수)
눈이 내렸다. 덩크 슛.

2010년 1월 15일 (금)
아내 대 단고. (그냥 장난치는 것뿐입니다. 아뇨, 정말로)

2010년 1월 16일 (토)
"뭔가 이상해……."라는 하늘.

2010년 1월 26일 (화)
좋은 박스가 생겨서 아파트를 만들었다.
2층 주민에게 목을 졸리고 있는 단고.

2010년 2월 3일 (수)
유치원에서 돌아온 도깨비.

2010년 1월 29일 (금)

집합.

2010년 2월 6일 (토)
너무 자연스럽게 밟는다.

2010년 2월 17일 (수)

삐져나온 단고.

2010년 2월 18일 (목)

콜라만 마시던 바다가 드물게 따뜻한 홍차를 주문.
집에 돌아오니 39도 2분…….

2010년 2월 22일 (월)
엉거주춤하게 모이 주기. 손 물렸습니다요.

2010년 2월 24일 (수)
고문을 당하는 단고.

2010년 3월 5일 (금)
귀엽니다.

2010년 3월 8일 (월)
그림을 그리고 있는 하늘이를 덮친 악몽.

2010년 3월 11일 (목)
아내가 준 생일 선물. 종이로 만든 QUAD33. (동경하던 앰프)

2010년 3월 13일 (토)
점점 부푸는 풍선. 점점 어두워지는 표정.

2010년 3월 14일 (일)
가깝다. 가까워. (사탕입니다.)

2010년 3월 18일 (목)
하늘을 찍고 있는데 프레임 안으로 들어온 바다. 어째 진지하다?

2010년 3월 28일 (일)
옅은 노을.

2010년 4월 3일 (토)

크래커 얼굴.

2010년 4월 5일 (월)
좀처럼 만개를 하지 않네, 그랬더니 어느새 잎이 더 많아졌다.

2010년 4월 16일 (금)
말리기 귀찮아, 하고 긴 머리를 자른 바다.

2010년 4월 18일 (일)
노을이 아름다워 보여서 나왔더니 별로네. 바이바이.

2010년 4월 19일 (월)
날지 못하는 원인은 점프가 부족해서라고 착각하는 하늘.

2010년 4월 21일 (수)
낮잠을 자면서 힘을 쓰고 있는 아내.

2010년 4월 22일 (목)

허둥지둥.

2010년 4월 29일 (목)
심야에 공벌레 점호.

2010년 5월 11일 (화)

겁쟁이 곤충 수색대.

2010년 5월 13일 (목)

우라시마 타로. (드라이아이스입니다)

* **우라시마 타로** 일본 전설 속의 인물. 절대 열지 말라는 약속을 어기고 상자를 여는 순간 노인이 되었다고 함 – 옮긴이

2010년 5월 14일 (금)
숙제도 한 고비 넘기고, 독서를 할 때면 이런 꼴.

2010년 5월 17일 (월)
라무네 병에서 꺼낸 유리구슬 속에 체조하는 남매.

2010년 6월 1일 (화)
완력만 쓰는 거친 기술로 거꾸로 매달리기 성공.

2010년 6월 8일 (화)

고장난 럭스맨을 디지털 앰프로 개조. 나무로 된 부분은 월넛으로 마무리.
그래서 들뜬 마음으로 촬영하고 있는 우리.

2010년 6월 10일 (목)
이 옷을 입으면 정식으로 닌자로 인정받는다고 믿고 있는 하늘.
그러나 그것은 옛날 서민들의 실내복.

2010년 6월 15일 (화)
바다, 실 전화 만들면서 너무 거창스럽네.

2010년 6월 20일 (일)
아버지의 날. 그것만 그리면 그럭저럭 비슷해지는 필수 아이템 '안경'을 잊어버린 하늘.

2010년 6월 29일 (화)
아내의 쿠키를 노리는 3인조. 표정도 그렇고 자리잡기도 그렇고,
한 수 위인 와쿠친.

2010년 7월 7일 (수)

견우와 직녀는 오늘밖에 만날 수 없으니까, 이제 잘 시간이지만 베란다에 나가도 돼? 벌써 여름이 다 끝나 버리잖아, 하고 애원하는 하늘. 물론 되지만, 여름이니까 점퍼는 필요없다고 생각해. 그리고 여름은 지금부터야, 라고 가르치는 아내.

2010년 7월 11일 (일)
바다에게 청소기를 돌리게 하고 즐기는 카페오레 타임,
뿌듯한 성장.

2010년 7월 19일 (월)

장마가 끝났다. 빨간 노을과 바다.

2010년 8월 4일 (수)
그래도 깨지 않는 아내.

2010년 8월 11일 (수)
'나의 여름 방학(게임이름임)'을 들고 지저분한 방에서 도피한 아내.

2010년 8월 18일 (수)
보조바퀴를 뗐다.

2010년 8월 20일 (금)

아이비 관(冠).

2010년 8월 28일 (토)
휴식 중인 닌자.

2010년 9월 13일 (월)
수제 노트북. 무얼 보고 있는 걸까?

2010년 9월 19일 (일)
"발!" 하고 아내가 소리 질러, 움찔! 하기 직전의 사진.

2010년 10월 12일 (화)
올해도 무사히 운동회에 참가. 뽐내는 하늘.

2010년 10월 15일 (금)

안경을 샀다. (아내입니다)

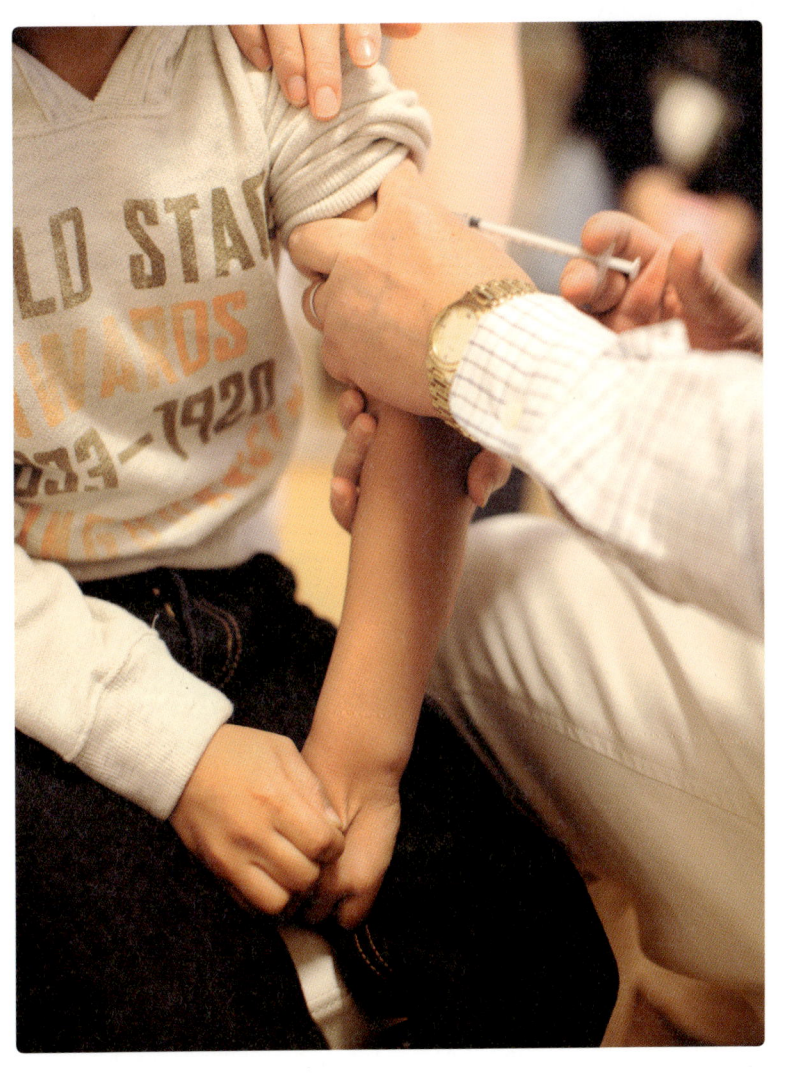

2010년 10월 20일 (수)
드디어 웃는 얼굴로 예방접종을 완수한 하늘.
웃는 얼굴 뒤에 손등의 손톱자국.

2010년 10월 26일 (화)
행복한 한때. (족욕)

2010년 10월 27일 (수)

염원하던 알텍 403A(스피커)를 구입. "확실히……소리가 아주 좋네."는 바다의 의견이지만, 듣고 있는 것은 메구리네 루카의 더블 래리엇으로, 그것은 저기 보컬로이드가 아니더냐.

---

* **메구리네 루카** 크립톤퓨처미디어가 2009년 1월 30일 발매한, 야마하의 보컬 음성 합성 소프트웨어 보컬로이드2를 기반으로 한 소프트웨어 – 옮긴이

2010년 10월 31일 (일)
"잘 보인다~, 망원경이야!" 이것도 그것도 아님.

2010년 11월 10일 (수)
어째서 거기다 팝콘을 올려놓고 싶은 걸까.

2010년 11월 16일 (화)

왠지 흥이 나 있는 나님. 브이를 그린 양손을 말없이 싹둑 잘라버리다니, 과연 바다 선생님.

2010년 11월 17일 (수)
"이건 유치원의 소중한 종이야. 절대로 접으면 안 된다고!"
어젯밤 그렇게 주의를 주더니 그 종이로 비행기를 접고 있는 하늘. 어이.

2010년 11월 25일 (목)

여섯 살이 된 비버.

2010년 12월 8일 (수)
"파, 안, 다!" 글자수에 속은 바보.

*사진의 글씨 '도마레(멈춤)' – 옮긴이

2010년 11월 30일 (화)
낙엽을 보러 공원으로.

2010년 12월 18일 (토)
크라우칭 스타트.

*크라우칭 스타트 육상의 출발 자세 가운데 하나 - 옮긴이

2010년 12월 20일 (월)
"참, 참, 참!" 아무리 해도 가리키는 쪽을 보고 마는 하늘.

2010년 12월 26일 (일)
사정없는 누나.

2010년 12월 26일 (일)
엄마 닮은 거였다.

2011년 1월 1일 (토)

새해 복 많이 받으세요. 올해도 잘 부탁드립니다.

2011년 1월 4일 (화)
아침에 일어나서 제일 먼저 본 것. 신비로운 아침밥.

2011년 1월 6일 (목)
짧아진 파자마를 입은 걸 모르는 채 아침을 맞은 하늘.

2011년 1월 10일 (월)
漁칭. (watching 대신 아내가 이렇게 쓰란다… 무서운 얼굴로…)

2011년 1월 13일 (목)
살기 시작한 지 3일째. "마음이 차분해져."라며.

2011년 1월 26일 (수)
너무 닫았음. (바다입니다.)

2011년 2월 7일 (월)
저렇게 텔레비전을 보면 대체 무슨 득이 되는 거지?

2011년 2월 15일 (화)
오늘의 있을 수 없는 일. 나와 바다의 바지 길이가 같았다.

2011년 2월 20일 (일)

공원에서 쉬고 있는 하늘.

2011년 2월 24일 (목)
심야에 고열. 입을 헤 벌리고 자는 모습에 그만 웃음이 터져 버렸다.

2011년 4월 7일 (목)

하늘이가 1학년이 되었다.

2011년 4월 14일 (목)
오랜만에 바다와 저녁노을.

2011년 4월 15일 (금)
온푸!

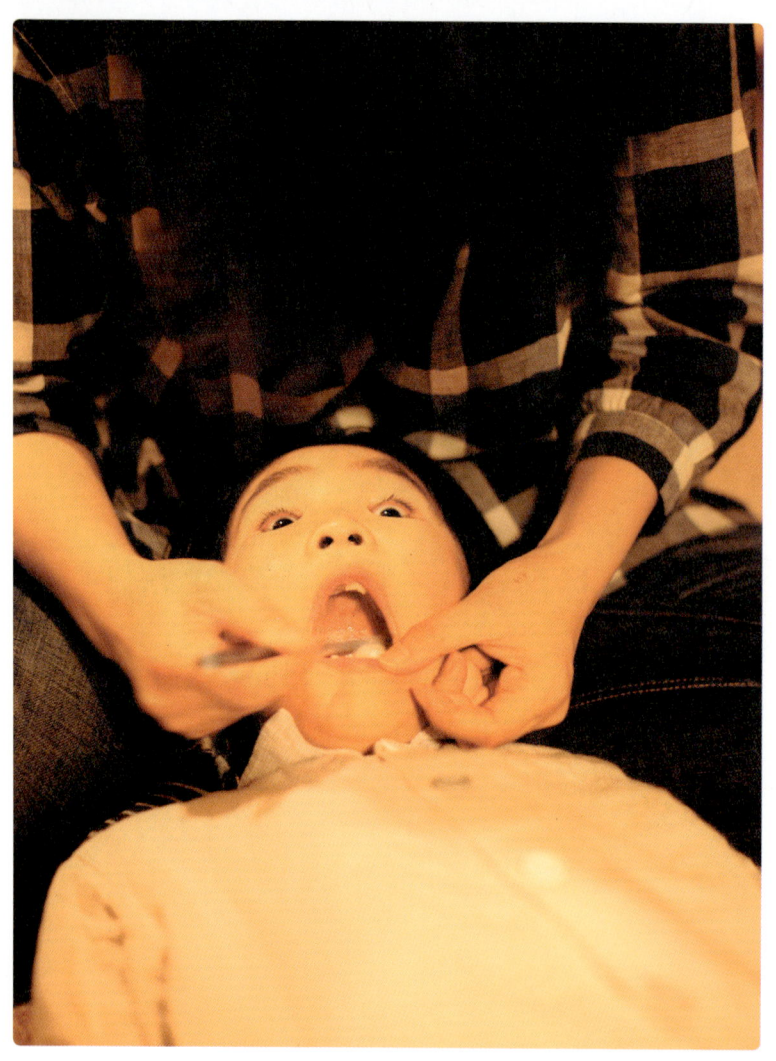

2011년 4월 19일 (화)
겁에 질렸다. (고작 양치질 중인데)

2011년 4월 20일 (수)

할배.

2011년 4월 26일 (화)
낮잠을 자고 있는 와쿠친과 온푸와 아저씨.

2011년 4월 27일 (수)

널브러져 있는 사람들.

2011년 4월 27일 (수)
10분 후.

2011년 4월 30일 (토)
아내가 그린 초상화.

2011년 5월 3일 (화)
닫혀가는 문 너머에서 절망하는 단고. (집 보기 당번)

2011년 5월 30일 (월)

하늘이보다 무겁다.

2011년 6월 25일 (토)

뭔가 무섭다

2011년 6월 30일 (목)

사이좋네.

2011년 7월 5일 (화)
숙제가 끝나자마자 잠들어 버린 하늘.

2011년 7월 20일 (수)
오늘의 까치집.

2011년 8월 3일 (수)
아내한테 손을 잡혀 덧셈을 못하는 바보.

2011년 8월 12일 (금)

소나기.

2011년 8월 18일 (목)

설거지 도둑.
(설거지 후반에 나타나 그 역할을 빼앗은 뒤 자기가 했다고 생색냄)

2011년 8월 27일 (토)
테이블 아래에서 잠들었다가, 하늘이가 쏟은 사이다 세례를 당하는 바다.

2011년 9월 2일 (금)
수학 숙제 중. 답이 10을 넘으면 발가락까지 꼼질꼼질 움직이는 하늘.

2011년 9월 12일 (월)

엎어졌다.

2011년 10월 10일 (월)
밀어 보았다.

2011년 10월 13일 (목)
거미를 보고 입을 딱 벌리는 바다.

2011년 10월 14일 (금)
깜짝 놀라는 단고. (일어나자마자 단고를 부르는 하늘이의 손입니다)

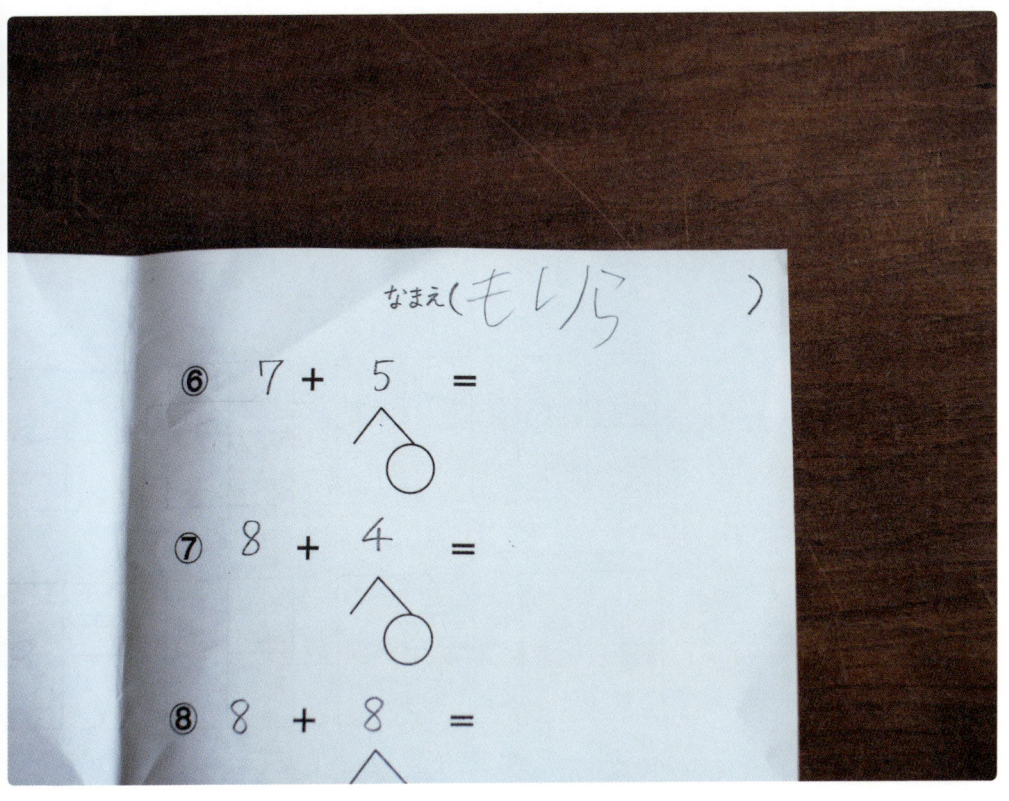

2011년 10월 15일 (토)

오늘의 있을 수 없는 일. 모리라?

*사진: 이름 (모리라), 하늘이의 이름은 모리소라 (もりそら)

2011년 10월 18일 (화)
아침노을에 물든 단고.

2011년 10월 22일 (토)
온푸를 촬영 중인 아내와 단고.

2011년 10월 26일 (수)
도토리 조사대 출동.

2011년 11월 3일 (목)
약국 주차장에서 본 저녁노을. 콧물약 사서 돌아가자.

2011년 11월 4일 (금)
좁겠다.

2011년 11월 13일 (일)
잘 자라, 개구쟁이.

2011년 11월 17일 (목)

비즈니스 수첩을 손에 넣은 하늘. 매일 열심히 메모한다.
옷 갈아입은 그다음에, 화장실 간 그다음에, 세수를 한 그다음에, 머리를 빗은 그다음에,
가방을 준비하는 그다음에, 아침을 먹는 그다음에, 양치질을 하는 그다음에, 나갈 준비 그다음에,
나가는 그다음에, 공부를 하는 그다음에, 내일 준비 그다음에, 모지바케루를 받는 그다음에,
모지바케루를 만드는 그다음에, Wii를 하는 그다음에 메모장을 적는 그다음에, Wii를 한다.
고생이 많군요.

* 모지바케루 동물을 상징하는 한자(漢字)가 동물로 변형하는 교육용 완구제품 – 옮긴이

2011년 11월 22일 (화)
학교에 가기 싫은 요괴.

2011년 12월 3일 (토)
완전히 댄스. (공을 던지고 있습니다)

2011년 12월 14일 (수)

황혼.

2011년 12월 16일 (금)
선반을 달았다.

2011년 12월 17일 (토)
개가 무슨 생각을 하는지 알 리 없지만, 이 눈, 이 손의 경우 "배를 만져 주세요."
가 틀림없다.

2011년 12월 19일 (월)
하품.

2011년 12월 27일 (화)
할머니 개에게 겨울비는 고통스러웠다.

2012년 1월 4일 (수)
베란다에서 눈 받기.

2012년 1월 10일 (화)
하늘이의 허물.

2012년 1월 13일 (금)
오늘의 있을 수 없는 일. 숙제가 너무 싫어서 꾸벅꾸벅 졸고 있음.

2012년 1월 20일 (금)
자나깨나 만화입니다.

2012년 2월 3일 (금)

무섭습니다. 비켜주세요.

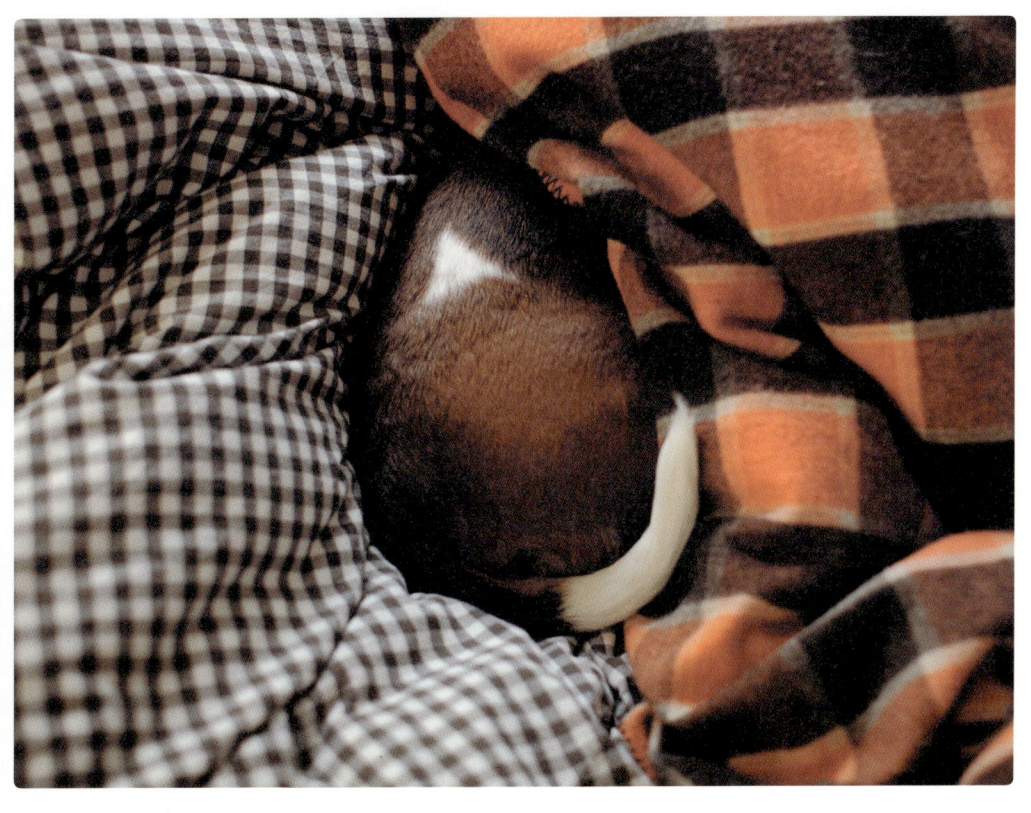

2012년 2월 18일 (토)
내 이불에 몰래 파고들어 왔다고 생각하는 단고……의 엉덩이.

2012년 3월 19일 (월)
날씨가 좋아서 하늘이라도 찍을까 하고 하늘이와 산책을.
카메라 렌즈를 하늘로 향했더니 비둘기가 지나갔다.

2월에 와쿠친이 죽었습니다.
열일곱 살, 아주 오래 살아 주었습니다.
고맙다, 와쿠친.

2012년 3월 20일 (화)

카모메, 안녕.

2012년 3월 21일 (수)

사자. (냄비깔개입니다)

2012년 3월 21일 (수)

도깨비.

2012년 3월 23일 (금)
현관에서 훔친 하늘이의 운동화. 잘 자렴.

2012년 3월 25일 (일)
스피커 배치를 바꾸고 있습니다. 아아, 즐거워라. (최고로 좋아하는 취미)

2012년 3월 30일 (금)

올라가는 발, 내려가는 발.

2012년 4월 5일 (목)

날씨도 좋고, 꽃도 예쁘다.

다카페 일기 3, 그 뒷얘기
(글 = 아내와 모리 유지)

続々 ダカフェ日記のおまけ
(文 = ヨメ と 森友治)

와쿠친

와쿠친은 우리가 학생 시절부터 함께 살았습니다. 올해 2월, 열일곱 살의 나이로 세상을 떠났습니다. 가냘픈 몸으로 아주 오래 살아 주었습니다. 언젠가 반드시 찾아올 거란 건 알고 있었지만, 와쿠친과의 이별은 생각했던 것보다 훨씬 슬펐습니다.

헤어진 뒤 한동안은 한없이 허전했지만, 와쿠친과 함께 보낸 17년은 우리에게 아주 사랑스럽고 소중한 시간이었습니다. 와쿠친과 보낸 날들은 앞으로도 영원히 가슴속에 남아 있을 테죠.

와쿠친이 열두 살이 지났을 무렵, 단고가 우리 집에 새로 왔습니다. 와쿠친은 단고에게 여러 가지를 가르쳐 주었습니다. 그 가르침을 지금은 단고가 새로 들어온 강아지 카모메에게 전하고 있습니다. 천진난만하게 돌진해 와서는 줄기차게 괴롭히는 강아지의 장난을 참을성 있게 다 받아주고 있답니다.

와쿠친은 아직 어린 단고가 46시간 발밑에서 아장거려, 밟지 않도록 긴 다리를 껑충껑충 들며 희한한 걸음걸이로 다녔습니다. 화장실에 갈 때도, 잘 때도, 언제나 단고가 따라다녔습니다. 어느샌가 단고의 몸도 커져서 체중이 와쿠친의 3배가 된 뒤에도 단고는 와쿠친에게 딱 붙어서 제 몸으로 덮어씌우듯이 잤습니다.

지금은 단고가 화장실에 가면 어김없이 카모메가 뒤를 따라 가고, 단고가 물을 마실 때, 카모메가 새치기해서 물 마시는 자리를 가로채도 단고는 카모메가 다 마실 때까지 가만히 기다려 줍니다. 자기가 낳은 아이가 아닌데도 마치 엄마처럼 보입니다.

그런 개들의 모습을 보고 있노라면, 매일 내 말과 행동을 반성하지 않을 수 없습니다.

개

우리 집에는 개가 세 마리 있습니다. 세 마리 다 암컷입니다만, 견종도, 나이도 모두 다릅니다. 싸우지도, 그렇다고 찰싹 달라붙어 지낼 만큼 친하지도 않지만 각자 나름대로 가족과 어울리면서 건강하게 지내고 있습니다.

잘 관찰해 보면 개들마다 자기가 좋아하는 가족이 있는 것 같습니다. 예를 들면, 와쿠친은 나와 남편을 잘 따릅니다. 한가할 때만 너희들과 놀아주겠어, 하는 냉정함으로 아이들을 대합니다.

단고는 아마 하늘이를 제일 좋아하는 것 같습니다. 하늘이가 놀아줄 때는 지금도 강아지 같은 표정을 짓고, 하늘이가 이름을 불러줄 때면 꼬리를 흔드는 법이나 눈빛 등이 다른 사람들을 대할 때와 다릅니다. 하늘이가 텔레비전을 보고 있을 때나 게임을 하고 있을 때도 어디든 꼭 몸의 일부를 붙이고 있습니다.

새로 들어온 시바 이누 종인 카모메는 바다를 제일 좋아합니다. 집에서는 바다가 이동하는 것을 물끄러미 좇고 있을 뿐만 아니라, 따라 돌아다니기도 합니다. 아침에 아직 아무도 일

어나지 않은 시간부터 좋아하는 장난감을 입에 물고 바다가 자고 있는 방문 앞에 앉아서 꼼짝않고 기다립니다. 바다의 자명종 시계가 울리면 쿵쿵거리면서 (실제로는 장난감을 물고 있어서 소리가 나지 않음) 꼬리가 떨어져라 흔들며, 바다가 나오기만 기다립니다. 참고로 바다의 자명종이 울리고 15분 뒤에 내 휴대전화 알람이 울립니다만, 그때 카모메는 내 슬리퍼를 물고 자고 있는 나를 들여다 보다 얼굴에 슬리퍼를 떨어뜨립니다. 매일 아침마다요. 온푸는 글쎄요, 이 녀석은 통 감이 잡히지 않습니다. 손님이 왔을 때와 외출했던 가족이 돌아왔을 때, 반기는 법이 똑같아 보입니다. 주인으로서는 좀 섭섭하기도 합니다. 오늘은 내가 현관에서 택배 물건을 받고 있는데, 발밑에서 코를 그렁그렁거리면서 택배기사한테 엉덩이째 꼬리를 흔들며 좋아하는 온푸가 있었습니다. 이 아무나 좋아하는 녀석!

후쿠다

하늘이가 다섯 살쯤 되었을 때였나, 곧 초등학생이 될 테니 조금씩이나마 준비해 두려는 마음에서 제일 먼저 가족의 이름을 말할 수 있는지 물어보았습니다.
"누나 이름은 모리 우미. 아빠? 모리퐁 말이지? 나, 알아, 모리 유지! 엄마 이름은 모리, 모, 모리 후쿠다! 나 잘 알지?"
'후쿠다'라니, 어디서 나온 이름인지. 내 처녀 때 성도 아닌데, 내 옛날 성조차도 아니지만. 자기 이름만 말하면 됐죠, 뭐. 그냥 넘어가기로 하고, 이번에는 집 전화번호를 열심히 연습 시켰습니다. 그러나 최종적으로 하늘이는 "이제 그 숫자는 말하지 마!" 하고 화를 내고 말았습니다.
그리고 한참 지나 하늘이가 주방으로 오더니 들뜬 목소리로, "엄마, 있지, 이것 좀 봐 봐!" 하고 꾸벅 머리를 숙였습니다. 얼굴을 든 하늘이가 "엄마, 이거는 졸."이라고 해서, "응. 절이지." 그랬더니, "맞아, 졸!" 하는 하늘이. 한 번 외운 것은 좀처럼 수정할 생각이 없습니다. 뭐, 저러다 언젠가 제대로 말하게 되겠지 하고, "그래, 그래, 졸이지." 그랬더니, 무시무시한 얼굴로 "졸이 아니라 절!" 하고 내뱉듯이 말하고 주방을 나가 버렸습니다. 저녁 준비를 하다가 속이 부글부글 끓는 걸 꾹 참았습니다.

그리고 1년쯤 지난 어느 날, 초등학생이 된 하늘이에게 "있지, 하늘아, 이걸 뭐라고 하더라?" 하고 꾸벅 머리를 숙여 보였더니, 숙제하던 손을 멈추고 "인사 아냐?"라고 너무 자연스럽게 말합니다. 다른 표현법은? 하고 묻고 싶었지만, 틀에 박힌 교육은 좋지 않겠지 싶어 그만두었습니다. 한동안은 내 이름이 '후쿠다'여도 어쩔 수 없습니다. 언젠가, 분명 정정하겠지요.

만화

문득 정신을 차리고 보니 열두 띠가 한 바퀴 돌아, 바다는 중학생이 되었습니다. 이런 상태로 가면 중학교 3년도 후딱 지나가겠구나 싶습니다. 키도 내 옷을 물려 입을 만큼 훌쩍 자랐습니다. 일단은 남편(164.5센티미터)부터 추월했으면 합니다.

컸다고는 하지만, 여전히 만화를 좋아해서 틈만 나면 읽어대고 있습니다.
어느 겨울 이른 아침, 추운 방에서 난방도 켜지 않고 잠옷 차림으로 만화책을 보고 있기에 "만화책을 보는 건 좋은데 따뜻하게 하고 봐. 감기 걸려."라고 했더니, 다음 날부터는 방에 난방을 켜고 카디건을 걸친 채 읽고 있었습니다. 따뜻한 방에서 만화를 읽는 것이 쾌적했던지, 며칠 뒤에는 주방에 있는 스툴에 걸터앉아 물을 끓여 홍차를 타고 토스트기로 빵을 구워서 아침을 먹으며 만화책을 보는 지경에 이르렀습니다. 그러다 학교에 갖고 갈 물통에 차를 담아 놓기도 해서(하늘이 것까지) 나중에 일어난 나는 아주 편했죠. 그런 겨울과 봄이 지나고, 계절이 여름으로 바뀔 무렵, 요즘 바다가 주방에 없네, 찻물도 끓이지 않고, 물통도……, 싶어서 아이들 방을 들여다보았더니 일어나긴 했더군요. 선풍기를 켜서 방을 시원하게 해 놓고 언제나처럼 쾌적하게 만화책을 보고 있지 뭡니까.
좋아하는 일은 무슨 일이 있어도 계속하는구나, 하고 혀를 찼습니다.

돌

어느 일요일, 어쩐 일로 바다가 친구들과 놀러간다고 해서 하늘이와 배웅하는데, "하늘이도 같이 갈래!" 하고 떼를 썼습니다. 간신히 바다를 보내고 토라진 하늘이에게 공원에라도 갈까? 텔레비전 볼까? 물었더니 "가고 싶은 데가 있어."라는 겁니다. "유치원에서 갔던 뭐라뭐라 하는 곳에 가고 싶어! 별이 있는 곳!"이라고 해서 잠시 생각해 보니 플라네타륨이 있는 시설이었습니다. 일요일이어서 붐빌 테고, 솔직히 귀찮았지만 큰맘 먹고 버스를 타고 갔습니다.

도착했더니 아니나 다를까, 부모 손을 잡고 나온 아이들로 붐볐습니다. 미아가 되지 않도록 하늘이의 손을 꼭 잡고 입구로 향했습니다. 창구 앞에서 입장권을 사려고 지갑을 꺼내는데, 하늘이가 주위를 둘러보더니 "그래, 여기! 여기 오고 싶었다고!" 하며 신나게 달려간 곳은 창구 맞은편에 있는 작은 매점이었습니다. 매점 한 모퉁이에 있는 광물 코너 앞에 가더니 "우와, 완전 멋있다! 참을 수 없어. 엄마, 나 이거 사도 돼?" 얼굴을 살짝 붉히고 콧구멍을 벌름거리며 묻는 얼굴이 재미있어서, 엉겁결에 그, 그래, 하고 대답하고 말았습니다. 진열된 광물을 하나하나 들어서 핥듯이 바라보다 황홀한 한숨을 쉬고는 바로 옆의 광물에 또 눈을 빼앗기고……. 그렇게 10분, 15분 시간이 흘러갔습니다.

그러는 동안에 플라네타륨 상연 시간이 되었습니다. 표를 한 손에 든 아이들이 줄줄이 플라네타륨으로 향합니다. 하늘이에게 플라네타륨에 먼저 갈까? 말을 걸었더니, "응? 안에 들어간다고? 하늘이는 플라네타륨 캄캄해서 무서워. 가기 싫어. 엄마 가고 싶으면 가. 하늘이는 여기서 기다리고 있을게." 별이 보고 싶었던 거 아냐? 안에 안 들어갈 거야? 물었더니, "하늘이가 오고 싶었던 곳은 여기. 이 돌 가게가 보고싶었어!"랍니다. 아, 그런 것이었구나, 비로소 깨닫고 그럼 기다릴 테니 갖고 싶은 것 결정되면 말해줘, 하고 지켜보기로 했습니다. 얼마나 시간이 흘렀는지, 신묘한 얼굴을 한 하늘이가 "이걸로 정했어." 해서 계산을 하고 나니 매점 분에게 지금까지 본 적 없을 정도로 정중하게 절을 하면서, "대단히 감사합니다." 라고 인사까지 하지 뭡니까.

조금 멀긴 했지만, 돌아오는 길은 산책 삼아 걸어오기로 했습니다. 하늘이는 방금 산 블루칼사이트라는 광물을 바지 주머니에 넣고, "이거 이름이 뭐라 했더라? 블루……?" 하고 물어서, 블루칼사이트야, 가르쳐 주었지만 몇 번이고 "어어, 블루……?" 하고 결국 외우지 못한 채 약 20분 정도 걸어서 집 근처까지 왔습니다. 걷는 동안에도 줄곧 주머니 속의 블루칼사이트를 꼭 쥐고, "엄마, 오늘은 정말 즐거운 하루였어. 고마워." 하고 또 콧구멍을 벌름거렸습니다. 즐거운 하루였어, 라니…… 이제 겨우 점심때인데, 생각하면서 패스트푸드를 사서 집으로 돌아왔습니다.

저녁 무렵, 바다가 만족스러운 모습으로 종이가방을 손에 들고 돌아왔습니다. 바다에게 어서 와, 어땠어? 고등학교 축제는? 물었더니, 싱글벙글하는 얼굴로 "응! 즐거웠어!"라고 합니다. 그래, 오늘은 모두 즐거운 하루였구나, 하고 감사히 생각했습니다.

스피커

남편의 취미 가운데 하나가 오디오입니다. 조금만 틈이 생기면 스피커나 앰프를 만들기 시작합니다. 물건에 따라 제작 기간이 다르지만, 휴일에 조금씩 작업을 진행합니다. 스피커가 완성되는 여정은 대충 이렇습니다. 휴일 아침, 적극적으로 방 청소와 아침식사 준비를 하고 개들까지 돌봅니다. 그러다 점심때가 가까워지면 "점심은 나가서 먹을까?" 말을 건네옵니다. 점찍어 둔 홈센터 근처의 패밀리레스토랑에 가서 즐겁게 점심 식사를 마칩니다. 그다음 대여점에 가서 아이들이 볼 만한 DVD를 빌리기도 하고 바다에게 최근 보고 싶은 만화책은 없냐고 물어보기도 하는 등, 비교적 관대한 아량을 베풉니다. 내게 "뭐 살 거 없어?" 물으면서, "자, 잠깐 들러도 돼?" 하고 홈센터 쪽을 가리킵니다.

홈센터 주차장에 차를 세우고 "저기, 나 먼저 목재 쪽에 가도 돼?" 하고 총총걸음으로 DIY 코너로 향합니다. (목재를 자르는데 시간이 걸리기 때문이라고 생각합니다.) 내가 장보기를 마치고 카운터로 가고 있으면, 목재를 안고 와서 카터에 슬쩍 사포를 담습니다.

살짝 드라이브하듯 한 바퀴 돌고 집에 와서 각자 하고 싶은 일을 하며 보내고 있으면, '딩동' 하고 초인종이 울립니다. "어? 오늘 택배 올 거 있었어?" 물으면, 우물우물 말을 흐리면서 도장을 들고 현관으로 갑니다. 도착한 것은 베니어 합판에 얇은 천연 목판을 붙인 목재였습니다. 목재 뚜껑을 열고 아이들에게 "이 색깔 정말 좋지?" 하고 조심스럽게 자랑하면서 오늘의 작업에 들어갑니다. 저녁 식사 때까지 사온 목재를 본드로 붙이고 조립까지 완료합니다. 저녁 식사 시간까지도 거실 테이블 위가 어질러져 있으면 벼락이 떨어진다는 걸 알고 있는 듯, 그곳은 일단 깨끗하게 치웁니다.

내 마음 여기 없소 하는 얼굴로 저녁을 먹고 나면 전력을 다해 설거지를 돕습니다. 내게 커피를 타주고 "바, 바로 마칠게, 사포질 좀 해도 돼?" 하고 조립을 마친 상자에 얼른 사포질을 합니다. 되도록 나뭇가루가 흩날리지 않도록 방 한쪽 구석에서 하는 작업입니다. 하지만 개 세 마리가 번갈아 다가가기 때문에 남편의 조심에도 불구하고 허무하게 온 집 안은 나뭇가루 묻은 개발자국으로 어질러집니다. 상황이 이쯤 되면 나도 보고만 있을 수 없

어, 개들 발바닥을 닦고 청소기를 돌리면서 남편의 공간에 침략합니다. 작업을 그만 끝내라는 신호입니다.

그뒤에도 아침 출근 전이나 휴일에 몰래 일어나 사포질을 마치고 판자를 붙여서 또 연마하고, 천연 오일로 도장하고, 스피커유닛을 장착하면 무사히 완성입니다.

다채로운 취미를 가진 남편과 공유하는 취미는 거의 없습니다만, 여기서부터 그다음은 그렇지가 않습니다. 며칠에 걸쳐서 시청(試聽)에 시달립니다. 남편은 흡음재(스피커 안의 면 같은 것. 울 같습니다.)를 안고 와서, "잠깐 괜찮아?" 하고 나를 시청 포인트에 앉히고, 시청을 되풀이합니다. 솔직히 나는 소리의 차이를 거의 알지 못합니다. 최종적으로는 남편이 좋다고 할 만한 지점을 찾는 데만 집중합니다. (전혀 다른 곳에서 이거! 라고 하면 거기서부터 남편은 또 며칠이나 고민을 계속하므로 귀찮아집니다)

겨우 흡음재 양도 조절하고 희열에 찬 남편을 보면, 차량 통행도 많고 전철 선로변에 사는 우리 집에서 할 일은 아니잖아? 하는 생각이 듭니다. 분명 만드는 동안이 즐거운 것이겠지만요. 최근에는 "스피커 만들고 싶은데 둘 자리가 없어……." 하고 풀이 죽어 있습니다. 이 자리를 빌어서 남편에게 전하고 싶습니다. 스피커는 이미 충분합니다.

※사진의 스피커는 산 것입니다. (남편 말)

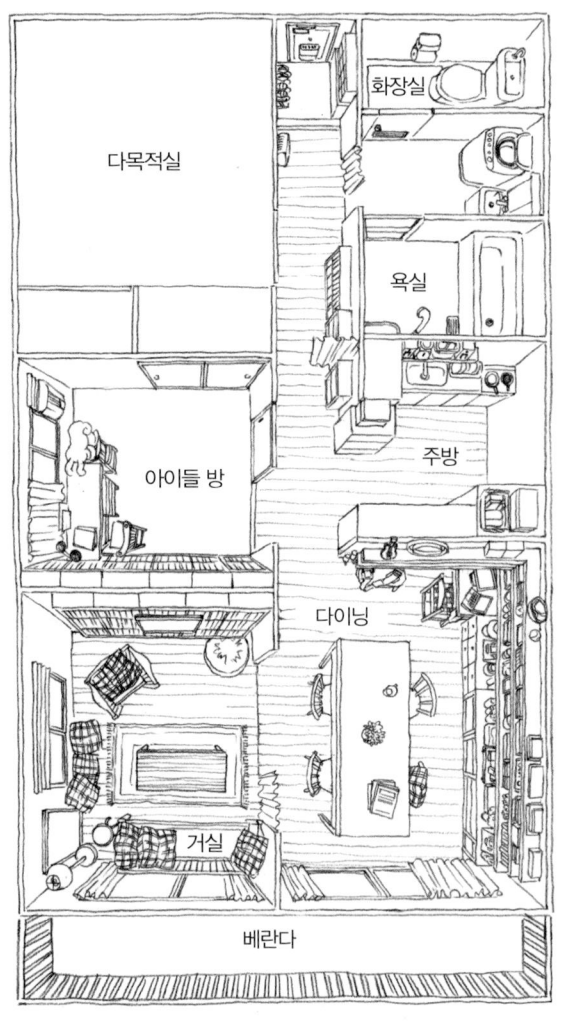

찾아오는 사람마다 "사진보다 좁아!"라고 하는 우리 집. 지은 지 25년 된 임대 맨션의 방과 가구 배치를 소개합니다.

【다이닝】 거실보다 다이닝, 소파보다 다이닝 테이블을 좋아해서 이곳이 우리 가족이 가장 좋아하는 장소입니다. 사진을 제일 많이 찍는 곳도 이 방입니다. 임대지만 마루를 꼭 깔고 싶어서 플로링용 남양재(南洋材)를 깔았습니다. 정말로 깔기만 했을 뿐이라 걸을 때마다 어느 곳은 삐그덕삐그덕 소리가 납니다. 벽에 선반은 점포용 로얄제 금속 부품(싸요!)을 사용하고, 선반 목재는 지금까지 플로링용 남양재를 사용했습니다만, 색의 느낌이 아주 좋습니다. 커튼은 오소독스한 천막제+레이스입니다. 블라인드로 바꾸고 싶지만, 사진을 찍을 때 자연광을 조절하기에는 커튼이 가장 편리하고 부드럽게 찍히기 때문에 도저히 떼어낼 수가 없습니다.

【거실】 거실이라고 부릅니다만, 실은 6조(약 3평)짜리 다다미방입니다. 모두 이 방에서 널브러져 있어서 널브러져 있는 사진(낮잠 등)이 자주 찍힙니다. 다이닝과 같이 다다미 위에 마루를 만들었습니다. 펄프보드 박스를 벽 한쪽에 나란히 쌓아 책장을 만들고, 벽걸이 텔레비전도 달았습니다. 조그만 창의 우드블라인드를 통해 반사된 빛은 사진을 따뜻하게 만듭니다. 밤에는 이불을 깔아 부부 침실로 씁니다. 좁은 집을 최대한 살리려면 침대는 숙적인 동시에 영원한 동경입니다.

【아이들 방】 가끔 일기에 등장하는 방입니다. 4.5조밖에 되지 않아서 앞으로 몇 년, 아이들에게는 답답한 환경이 될 거라고 생각합니다만, 커튼으로 칸막이를 만들어 어떻게든 극복할(얼버무릴) 예정입니다. 얘들아, 미안.

【주방】 우리 집 역사에서 가장 대우를 받지 못하는 장소입니다. 결혼 초에는 냉장고, 전자레인지, 전기밥솥이 모두 다목적실에 있어 복도를 계속 왕복해야만 요리가 완성되는 이상한 일이 반복되었습니다. (생활감이 나는 것이 싫어서……←바보) 현재는 천장까지 닿는 그릇장으로 막혀 있어서 여름에는 열대우림화하고 있습니다. 그러나 진공관 앰프와 스피커가 설치되어 있어 편안한 음악이 흐르는 괜찮은 곳입니다.

【다목적실】 옷방 겸, 창고 겸, 빨래널기, 요컨대 다목적입니다. 이 방 덕분에 우리 집이 그나마 지금의 상태로 존재하는 거라고 해도 과언이 아닙니다. 남들에게는 절대 보여줄 수 없는 흐트러진 모습의 이 방은 그야말로 정글입니다. 어떻게든 해야 합니다.

다카페 일기의 사진 찍는 법

다카페 일기에서는 디지털 일안리플렉스카메라에 단초점 렌즈를 끼워서 촬영하고 있습니다. 다카페 일기 사진 찍는 법에 대해 카메라 초보자를 대상으로 간단히 설명해보겠습니다.

다카페 일기 사진의 특징은 '배경 날리기'입니다. 그러기 위해서는 디지털 일안리플렉스카메라가 필요합니다. 처음에는 니콘이나 캐논 등의 APS-C 사이즈라고 적힌 것으로 충분합니다. 다음에 단초점렌즈가 필요합니다. APS-C 사이즈 카메라라면 30mm f1.4나 35mm f2 정도 되는 수치가 다카페 일기의 각도와 배경 날림의 양에 가깝습니다.

자, 바로 찍는 법을 설명하겠습니다. 먼저 '조리개 우선 모드'로 합니다. 그리고 배경을 날리기 위해 조리개(F치)를 한껏 열어 놓습니다(수치를 작게, 1.4~2.0 정도). 그다음은 찍기만 하면 됩니다만, 포인트는 '자연광을 옆에서 받기'입니다. 실내 창 가까이에서는 부드러운 빛(직사일광은 안 되니 레이스커튼 등을 이용함)이 옆으로 닿도록 합니다. 살짝 어두우려나 싶

은 분위기로 찍는 편이 멋있게 찍힙니다. 한 가지 더, 빼놓을 수 없는 테크닉, '노출보정'을 기억해주세요. 사진의 밝기를 보정하는 기능입니다. 셔터를 누르고 액정 모니터로 확인, 사진이 너무 어두우면 노출보정으로 밝게 하고, 바로 다시 찍습니다. 이것만으로 사진은 훨씬 좋아집니다. 역광인 경우도 이 방법으로 밝게 찍으면 평소 사진보다 멋지게 찍힙니다.

카메라의 기술적인 이야기는 이 정도로 하고, 그다음은 찍는 법입니다. 다카페 일기에서 피사체인 아이와 개는 정신없이 움직이고 금세 표정을 바꿉니다. 여기에 대응하기 위해 '연사모드'를 사용합니다. '찰각찰각찰각' 하면 한 번에 서너 장씩 찍히는데, 나중에 찬찬히 골라보면 아주 좋은 표정이 담겨 있습니다. 다음에 '낮게 찍을 것'입니다. 몸을 낮추고 아이나 개의 눈높이에 카메라를 맞추기만 해도 현장감이 납니다. 마지막으로 한 가지 더, '카메라를 보도록 하지 않는 것'입니다. 책을 읽고 있거나 게임을 하고 있거나 과자를 먹고 있거나, 뭔가에 집중해 있을 때는 그대로의 표정을 몰래 찍어 보세요, 그것이야말로 내가 좋아하는 상대의 표정이기도 하답니다.

음, 지금까지 쓴 이야기는 어디까지나 촬영 테크닉입니다. 소중한 사람을 찍은 사진은 단지 그 사실만으로 소중한 사진입니다. 말을 걸지 못하는 짝사랑 상대가 찍힌 사진은 학급 단체 사진이어도 가슴이 설레죠(체험담). 그런 기분으로 항상 셔터를 누르시기를.
언제나 설레는 마음이 가장 중요하답니다.

후기 비슷한…….

그릇이 늘어서 그릇장에 다 들어가지 않게 되었다. 필요없는 그릇은 틈틈이 버리고, 정말로 마음에 드는 것만 사고, 소중한 사람들에게 받은 소중한 그릇들만 챙겨놓는 데도 그렇다. 고등학생 때, 혼자 사는 할머니 댁에 놀러 갔었다. 혼자 사는데 그릇장 안에는 그릇이 산더미처럼 쌓여 있었다. "어차피 안 쓰잖아요, 좀 줄여요." 그랬더니, "그렇지? 좀 줄여야겠지?" 할머니도 동의하셨다.

그 길로 그릇장 대청소를 시작한 할머니와 나는 완전 신나서 꽤 많은 양의 그릇을 버렸다. 꽤 많은 양이 나왔는데도 그릇장은 여전히 그릇으로 넘치고 있었다. "더 버려야 돼요." 하고 화를 내는 내게, "나머지는 전부 쓸 거야."라며 할머니는 웃었다. 그리고 그후로도 놀러갈 때마다 "유지가 여기 도와줬지." 하며 기쁜 듯이 그릇장을 가리켰다.

넘쳐나는 우리 집 그릇장을 보며 "아, 이런 거구나" 하고 깨달았다. 정말로 마음에 드는 것, 정말로 소중한 것만으로 할머니의 그릇은 산더미가 되고 넘쳐났던 것이다. 그때 할머니 나이까지 앞으로 30년 아직도 한참 더 마음에 드는 그릇들이 늘어나겠지. 그릇장도, 책장도, 책상 서랍도, 머릿속도, 마음속도, 도저히 버릴 수 없는 소중한 것들로 채워져 가겠지. 그리고 아마 언젠가 가득 채워진 마음속의 것들에 의지하며, 할머니나 할아버지처럼 모든 것을 너그럽고 부드럽게 감싸주게 되겠지.

30년 뒤, 바다와 하늘이의 아이들이 우리 그릇장을 보고, "어차피 안 쓰잖아요, 좀 줄여요." 라고 한다면, 그때 할머니가 버렸던 만큼 버리기로 하자. 그리고 아직도 넘쳐나는 그릇장을 바라보며 "나머지는 전부 쓸 거야." 하고 우기자.

언제나 다카페 일기를 읽어주시는 여러분, 지금 처음 읽는 당신, 정말로 고맙습니다.

모리 유지

옮긴이의 글

『다카페 일기1』의 첫 사진 날짜가 2002년이니 벌써 만 10년이란 세월이 흘렀다. 그동안 바다는 중학생이 되었고, 하늘이는 초등학생이 되었다. 1권, 2권을 통해서 아이들이 자라는 모습을 지켜보아 온 독자 1인으로서 책이 나올 때마다 부쩍 자란 아이들이 신기하기만 하다. 꼬꼬마 시절의 귀여움은 아니라 하더라도 3권에서도 여전히 소녀가 된 바다의 의젓함과 숙제하기 싫어하는 하늘이의 엉뚱함에 절로 엄마 미소(아줌마 미소인가)를 짓게 된다. 그런데 솔직히 책을 펼쳐 제일 먼저 찾은 것은 아이들보다 노견 와쿠친의 안부였다. 아니나 다를까, 2권 때 다음 책에서 또 볼 수 있을까 걱정했던 대로 와쿠친은 세상을 떠났다. 〈2월에 와쿠친이 죽었습니다. 열일곱 살, 아주 오래 살아 주었습니다. 고맙다, 와쿠친〉이라는 모리퐁 씨의 글에 눈물이 저절로 주루룩……. 그래, 아마 와쿠친도 모리퐁 씨네 가족을 만나 많은 사랑 받으며 행복하게 살다 간다고 고마워하면서 세상을 떠났을 것이다. 사람으로 치면 100살 넘은 호호할머니의 호상이었으니, 슬픔보다 고마움으로 보내주는 게 맞겠지요. 잘 가, 와쿠친.

와쿠친이 떠난 3권에서는 단연 단고가 맹활약을 한다. 귀가 다리보다 긴 단고. 나이에 비해 심하게 노안(老顔)인 단고. 보기만 해도 코믹하고 귀여워서 단고 사진이 나오면 책장 넘기는 시간이 길어진다. 새로 들어온 카모메를 그렇게 잘 챙기고 이끌어 준다니 이 집에는 개들마저 사람들처럼 착한가 보다. 그런데 좀 비만인 듯하구나. 배가 땅에 닿네. 물론 다리가 짧아서 닿는 것이라고 말하고 싶겠지만, 그래도 다이어트 좀 하자, 단고야(라고 남의 집 개한테 말할 처지가 아닌 살찐 시추의 견주입니다만). 새로 온 카모메는 우리나라 진돗개처럼 일본 토종개인 시바 이누라고 한다. 와쿠친이 모리퐁 씨에게 왔을 때와 비슷한 월령 같다. 앞으로의 활약을 기대한다, 카모메.

10년이란 세월이 흘렀는데도 '다카페 가'의 잔잔한 일상의 행복은 변함이 없다. 참 신기하다. 어쩌면 이렇게 한결같이 모든 페이지에 사랑이 가득할까. 여행을 싫어한다는 사실이 모리퐁 씨의 치명적인 단점이지만, 그 단점을 커버하고도 남을 만큼 아빠로서, 남편으로서 심하게 자상하고 다정하고 가정적이고 재주가 많은 것 같다. 아마 미혼인 독자들 중에서는 '이런 남편을 만나고 싶다.'고 생각하는 분들도 많을 듯. 그러나 선배로서 한 마디 하자면 "좀처럼 없어요".

아내 다짱의 뒷이야기는 맛있는 식사를 한 뒤 나오는 상큼한 디저트 같다. 분명 대단한 글재주가 있는 사람은 아닌데 글이 묘하게 감칠맛 난다. 모리퐁 씨의 사진을 볼 때면 절로 미소지어지듯 아내의 글 또한 그렇다. 다음에는 아내의 글에 남편이 부록으로 사진을 넣은 책이 나와도 좋을 것 같다. 아, 이 부러운 부부, 부러운 가족들. 다음에 또 만날 수 있기를!

열여덟 살 정하와 여섯 살 나무(시추)에게 사랑을 보내며
권남희

모리 유지 森 友治

1973년 후쿠오카에서 태어나 자랐다. 아내와 아이 둘, 개 세 마리와 산다.
대학에서 전공은 돼지의 행동학. 돼지의 기분을 아는 디자이너가 있어도 괜찮지 않을까, 해서 북디자인을 생업으로 하고 있지만, 현재 돼지에 관한 지식은 전혀 살리지 못하고 있다.
1999년부터 인터넷에서 사진을 공개하기 시작하여, 현재 평범한 가족의 일상을 담담히 촬영한 사진일기를 계속 공개하고 있다.
참고로 『다카페 일기』의 '다카페'란 지은 지 25년째인 3LDK 맨션, 즉 자택이다.

옮긴이 _ 권남희 權南姬

일본문학 전문 번역가. 지은 책으로 『번역은 내 운명(공저)』, 『번역에 살고 죽고』, 『길치모녀 도쿄헤매기』가 있으며, 옮긴 책으로 『다카페 일기1, 2』, 『기타노다케시의 생각노트』, 『열네 살』, 『무라카미 라디오』, 『빵가게 재습격』, 『밤의 피크닉』, 『퍼레이드』, 『멋진하루』, 『마호로 역 다다 심부름집』, 『부드러운 볼』, 『공부의 신』, 『애도하는 사람』, 『달팽이 식당』, 『카모메 식당』, 『마녀배달부키키』, 『채소의 기분, 바다표범의 키스』, 『따뜻함을 드세요』, 『언젠가 파라솔 아래에서』외 많은 역서가 있다.

★ 사진 구도에 우선하여 편집했기에 몇몇 사진 일기는 날짜 순서를 따르지 않았습니다.

다카페 일기 3

한국어판 ⓒ 북스코프, 2012

1판 1쇄 찍음 2012년 12월 10일
1판 3쇄 펴냄 2013년 2월 20일

지은이 | 모리 유지
옮긴이 | 권남희
펴낸이 | 김정호
펴낸곳 | 북스코프

편 집 장 | 박유상
기획편집 | 박병규
마 케 팅 | 천정한, 우세웅
홍보관리 | 박정은
디 자 인 | 디자인시

출판등록 2006년 11월 23일 (제2-4510호)
100-802 서울시 중구 남대문로 5가 526 대우재단빌딩 16층
전화 02-6366-0513(편집) | 02-6366-0514(주문)
팩스 02-6366-0515
전자우편 book@acanet.co.kr

ISBN 978-89-97296-22-4(04830)
ISBN 978-89-962951-0-5(세트)
Printed in Seoul, Korea.

★ 값은 뒤표지에 있습니다. 잘못 만들어진 책은 구입하신 곳에서 교환해드립니다.